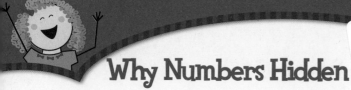

Why Numbers Hidden

Every day your child is acquiring skills needed for entry into the world beyond family and home. The activities in this book are designed to give young children practice in number recognition and counting, both important early math skills your child will encounter in Kindergarten. Though Kindergarten may still be a year or two away, your child can still begin to prepare for school success now.

Upon your child's completion of each activity, use the provided incentive chart and stickers to track progress and celebrate your child's success.

SKILLS

• Number identification

• Numbers 1–30

• Counting

• One-to-one correspondence

• Hand-eye coordination

• Fine motor development

HOW YOU CAN HELP SUPPORT LEARNING

• Provide a clear surface for writing, free of any distractions.

• Read the directions aloud to your child.

• Have your child point to each number and read it aloud.

• Provide a selection of writing tools, such as pencils, markers, crayons, and colored pencils, to keep the activities engaging.

Blast Off!

Use the Key to color the hidden picture.

Key: **1** = orange **2** = red **3** = blue

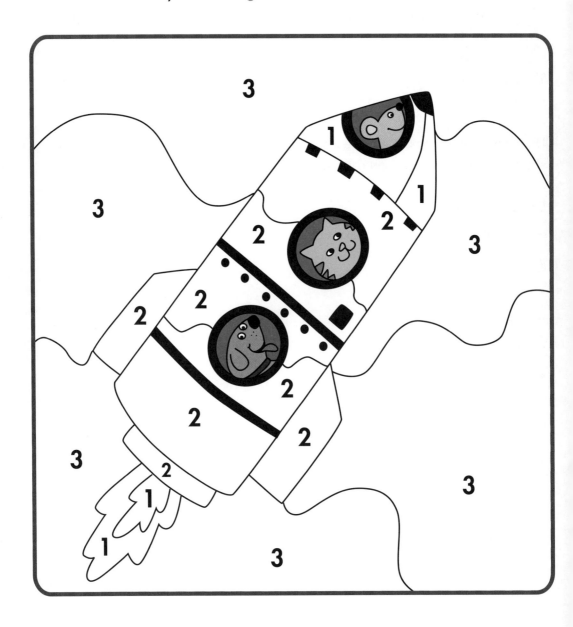

A Picture in Bloom

Use the Key to color the hidden picture.

Key: **3** = green   **4** = blue   **5** = red

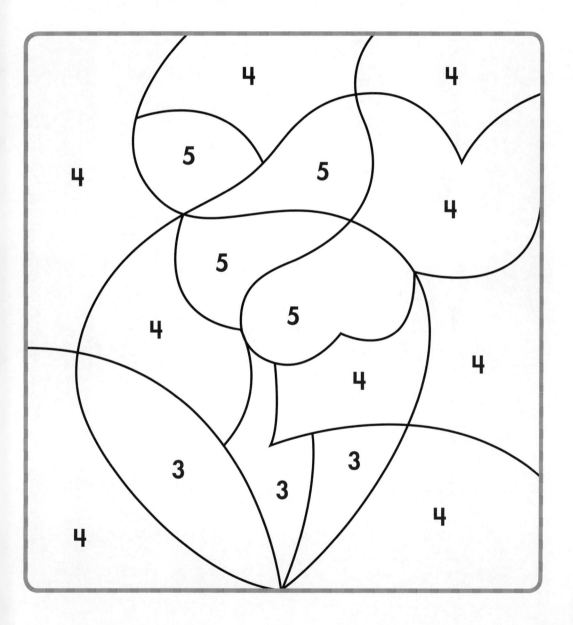

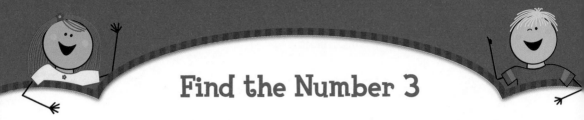

Find the Number 3

Find and circle the **3**s hidden in the picture. There are 6 in all.

Fall Harvest

Use the Key to color the hidden picture.

Key: **2** = orange   **4** = green   **6** = blue

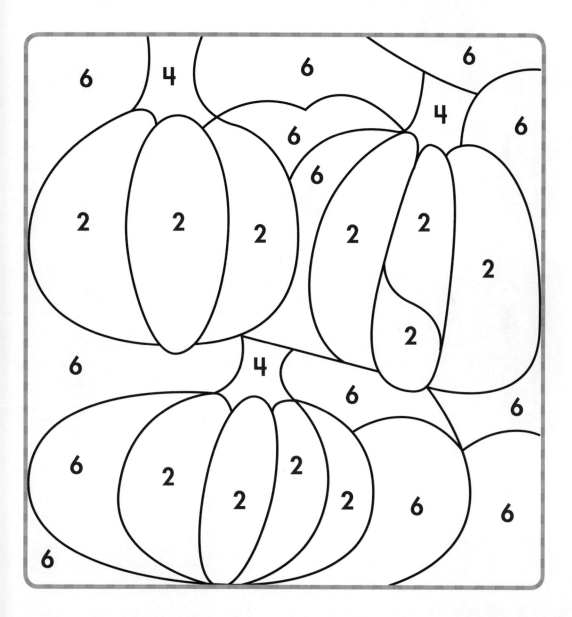

How Many Are There?

Find each item from the Word Box in the picture below.
Write the number of each item at the bottom of the page.

tree	duck	flower	butterfly

 3

Out of This World

Use the Key to color the hidden picture.

Key: 4 = green   5 = blue   6 = yellow

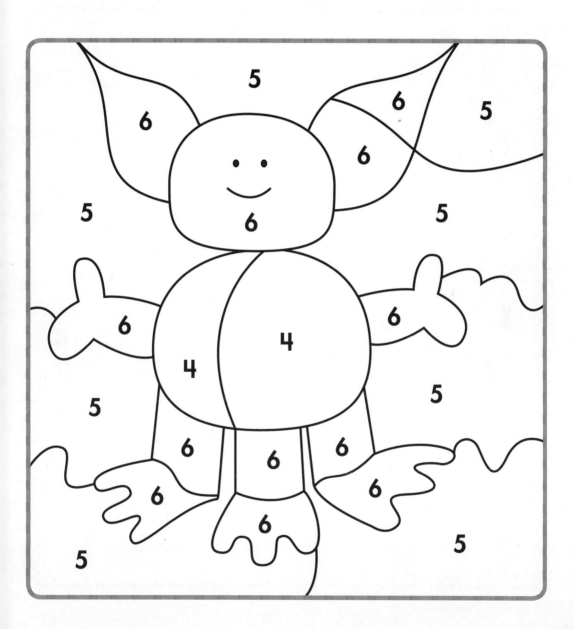

Bunny Snacks

Use the Key to color the hidden picture.

Key: **6** = green   **7** = orange   **8** = brown

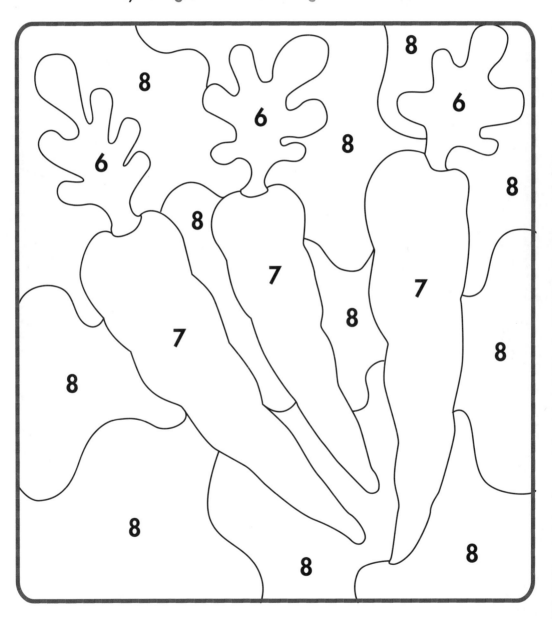

A Purrfect Picture

Use the Key to color the hidden picture.

Key: **7** = brown **8** = green **9** = blue

A Buggy Bunch

Count and color the worms and butterflies.
Then color the rest of the picture.

Circle the number that shows how many.

 7 8

 7 8

Duck Hunt

Use the Key to color the hidden picture.

Key: **5** = yellow   **7** = blue

Find the Number 5

Find and circle the **5**s hidden in the picture. There are 6 in all.

Colorful Crayons

Use the Key to color the box of crayons.

Key: **1** = blue   **2** = red   **3** = green   **4** = yellow   **5** = orange
     6 = purple   **7** = brown   **8** = pink   **9** = white

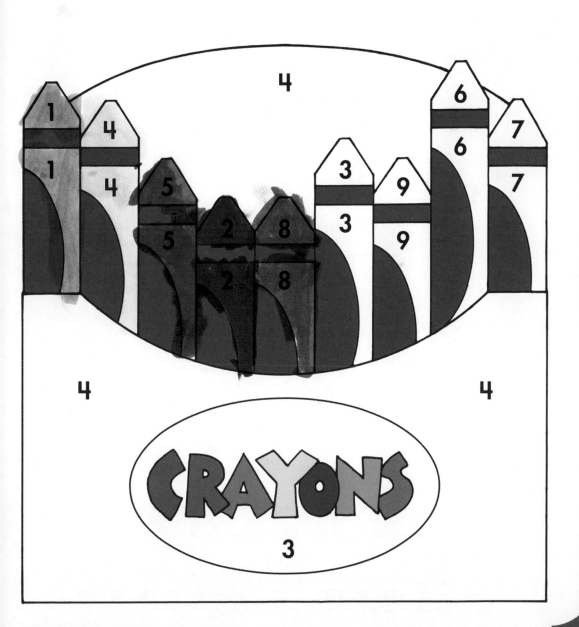

A Fun Picnic

Count and color the ants and caterpillars.
Then color the rest of the picture.

Circle the number that shows how many.

 8 9 10    **8 9 10**

An Even Snowman

Use the key to color the snowman.

Key: **2** = green   **4** = yellow   **6** = brown   **8** = red
      10 = purple   **12** = blue   **14** = white   **16** = orange

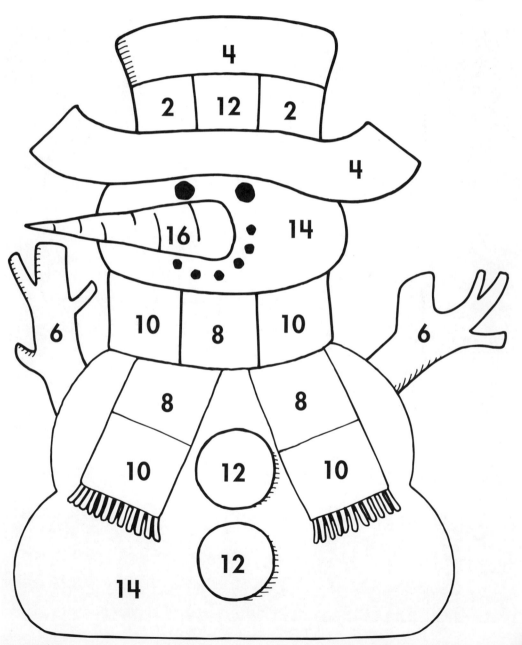

Find the Number 6

Find and circle the **6**s hidden in the picture. There are 6 in all.

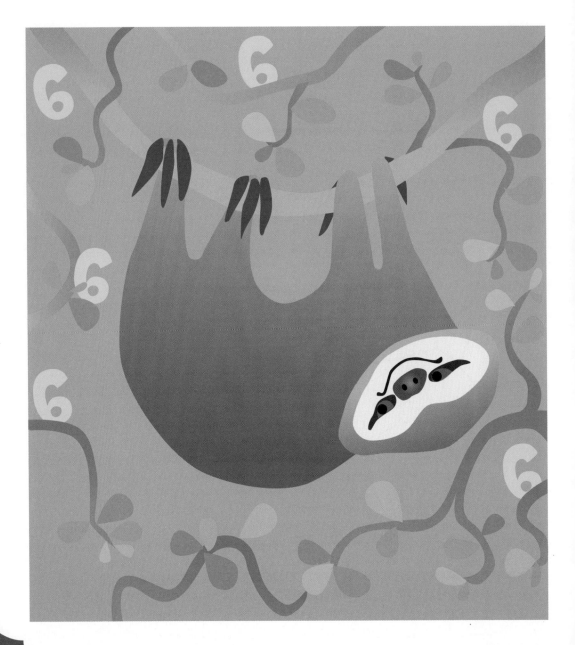

Fruit Basket

Use the Key to color the picture.

Key: **10** = red   **11** = yellow   **12** = green   **13** = orange   **14** = brown

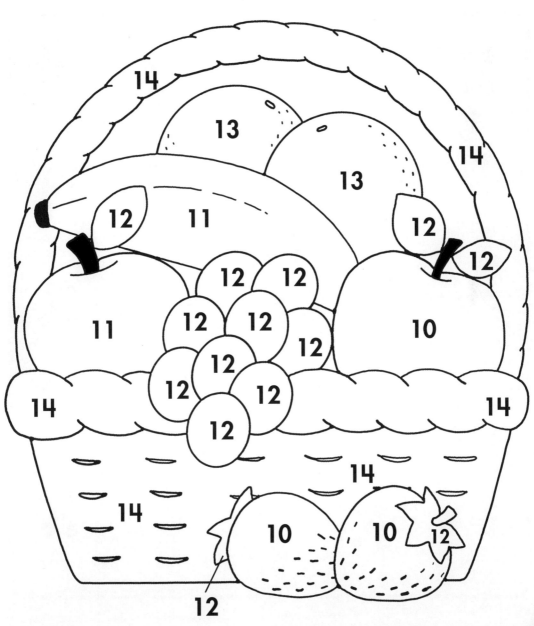

A Sweet Summer Treat

Use the Key to color the hidden picture.

Key: ● ● ● = brown   ●● = pink   ●● = yellow

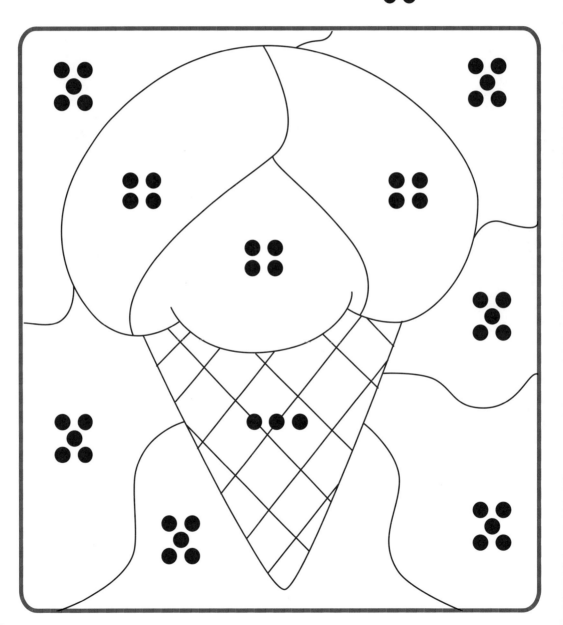

Hidden School Supplies

Find each item from the Word Box in the picture below.
Then write the number of each item at the bottom of the page.

Word Box

crayon   paper   pencil   book

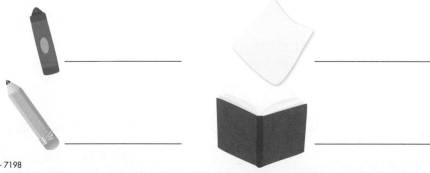

Friendly Forest

Count and color the squirrels and bunnies. Then color the rest of the picture.

Circle the number that shows how many.

4 5 6

4 5 6

Harvest Time!

Use the Key to color the picture.

Key: **15** = orange   **16** = green   **17** = yellow   **18** = brown   **19** = blue

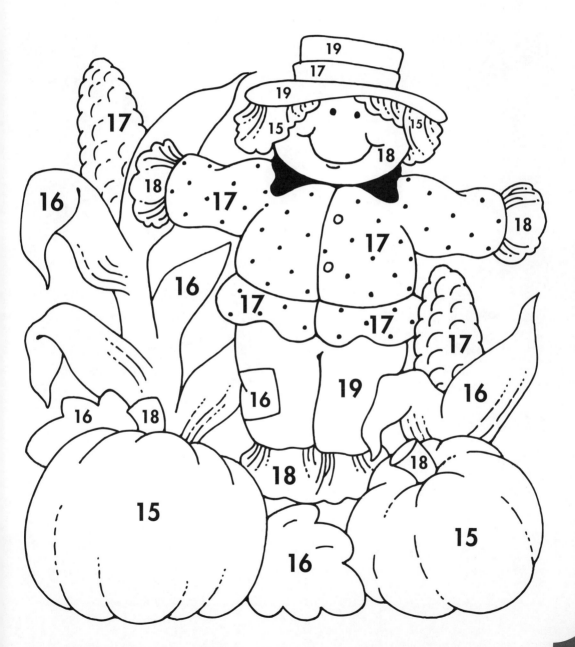

Find the Number 8

Find and circle the **8**s hidden in the picture. There are 6 in all.

Under the Sea

Use the Key to color the hidden picture.

Key: Spaces with numbers **1–5** = **blue**   Spaces with numbers **6–9** = orange

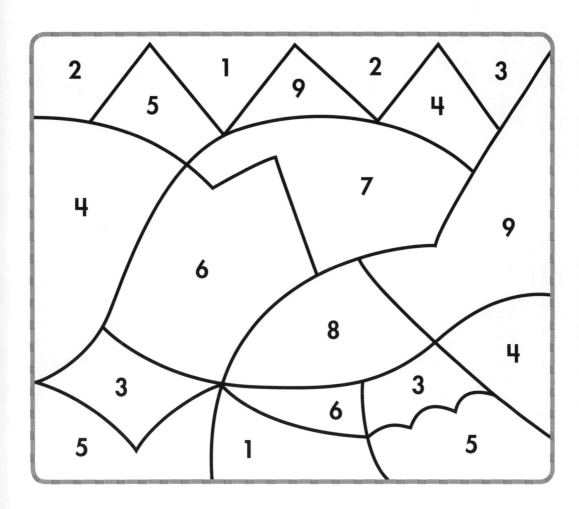

A Funny Friend

Use the Key to color the hidden picture.

Key: **2** = red   **4** = **purple**   **6** = orange   **8** = **blue**   **10** = yellow

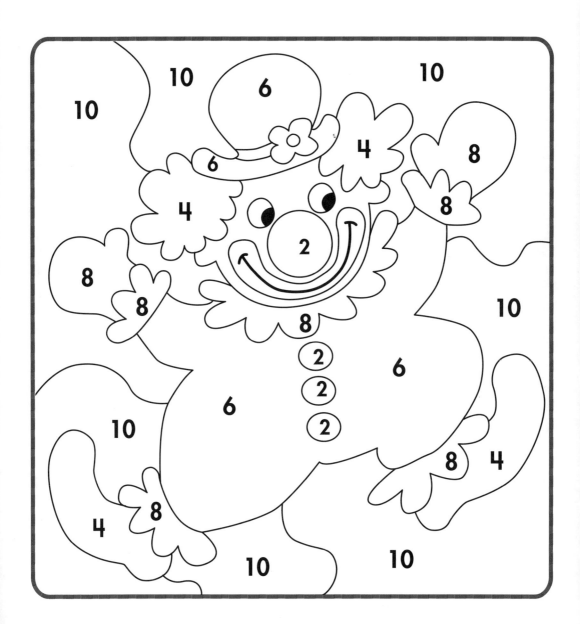

Up, Up, and Away!

Use the Key to color the picture.

Key: **10** and **15** = **red**   **12** and **17** = **purple**   **14** and **19** = white
     11 and **16** = yellow   **13** and **18** = **blue**   **20** = **brown**

Zip and Zoom!

Use the Key to color the hidden picture.

Key: **10** = blue   **11** = purple   **12** = black   **13** = green

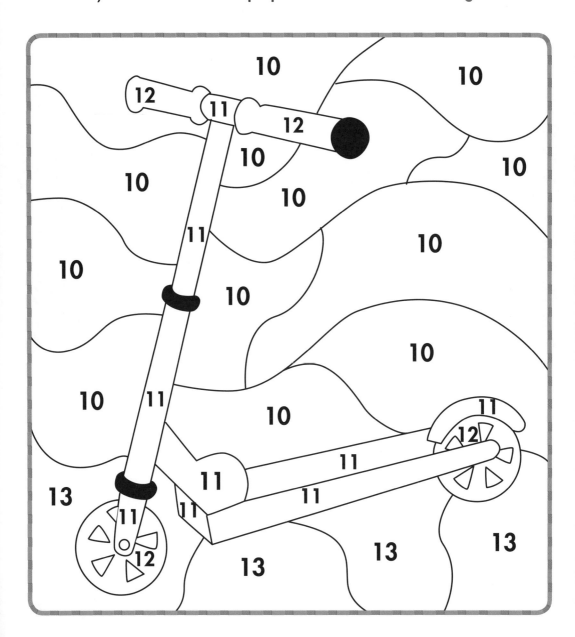

© 2012 CTP · 7198

Going Buggy

Use the Key to color the hidden picture.

Key: **10 = purple**   **12 = yellow**   **14 = orange**
     16 = brown   **18 = green**   **20 = blue**

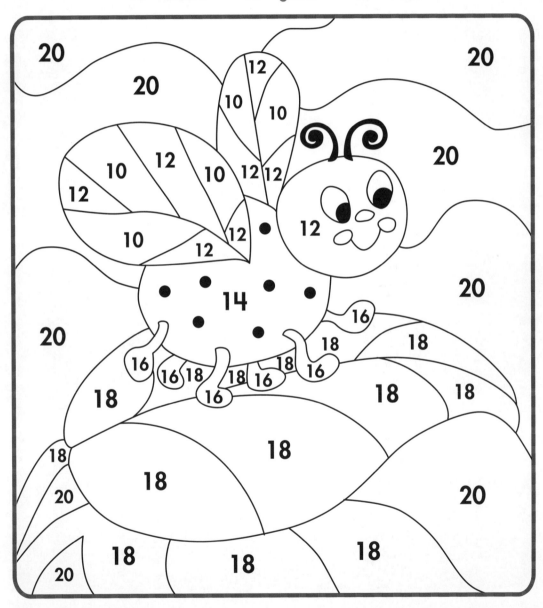

Find the Number 10

Find and circle the **10**s hidden in the picture. There are 6 in all.

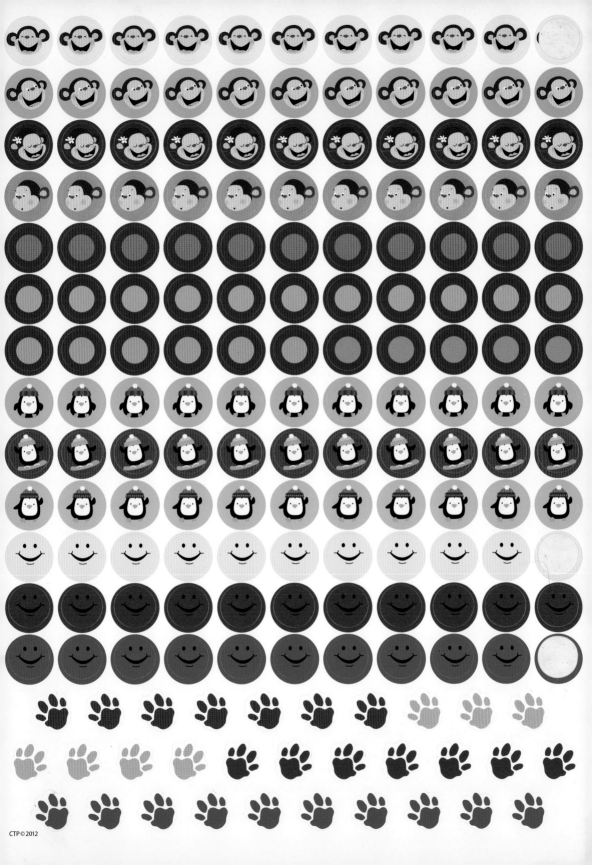

In the Jungle

Use the Key to color the picture.

Key: **5** = **green** **6** = **brown** **7** = **blue** **8** = **red** **9** = yellow **10** = orange

What Game?

Use the Key to color the hidden picture.

Key: **11 = black**   **12 = green**   **13 = blue**

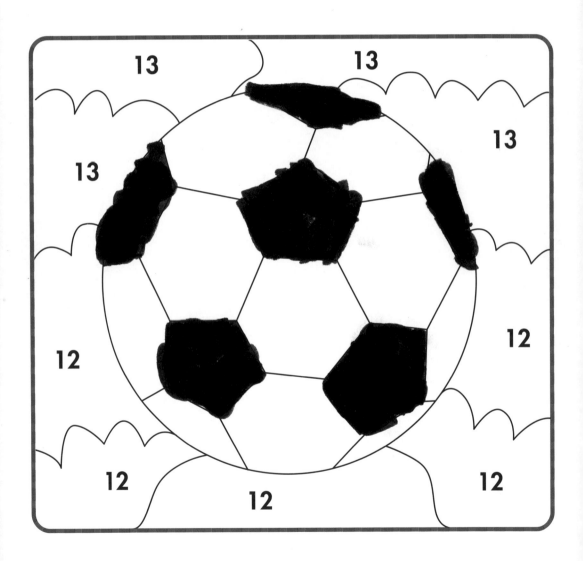

Ocean Friends

Use the Key to color the picture.

Key: **13** = green   **14** = red   **15** = blue   **16** = purple   **17** = yellow   **18** = pink

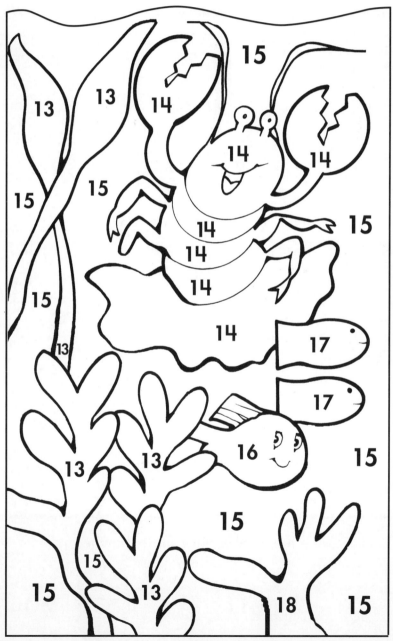

Beach Day

Count and color the pails and shovels.
Then color the rest of the picture.

Circle the number that shows how many.

 9 10 11

 9 10 11

In Bloom

Use the Key to color the hidden picture.

Key: **19** = green   **20** = purple   **21** = blue

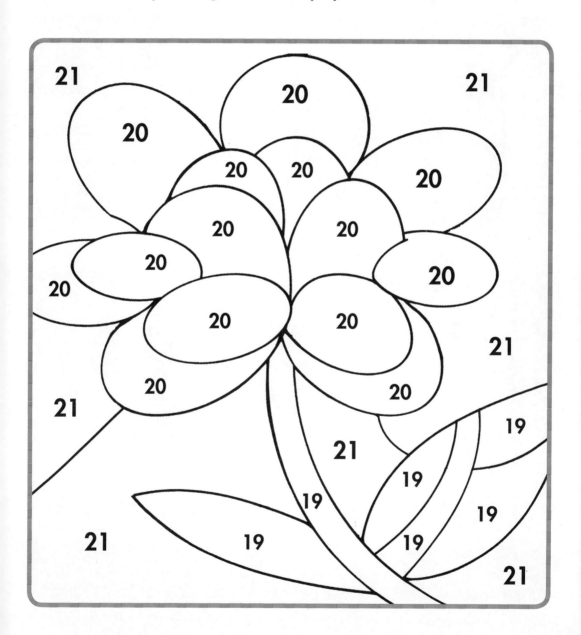

Find the Number 12

Find and circle the **12**s hidden in the picture. There are 6 in all.

A Mouse Party

Find the mice. Then write the number that shows how many.

How many mice do you see? mice

It's Fast!

Use the Key to color the hidden picture.

Key: **16** = **black**   **17** = red   **18** = blue   **19** = purple

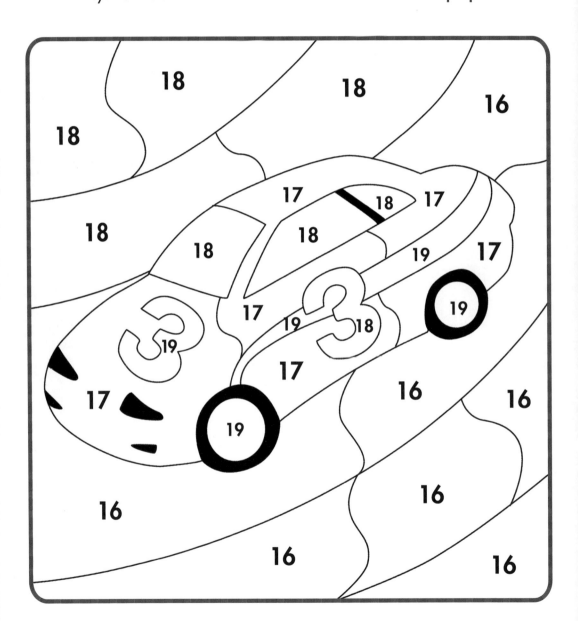

© 2012 CTP - 7198

How Many Muffins?

Find the muffins. Then write the number that shows how many.

How many muffins do you see? _____ muffins

Find the Number 14

Find and circle the **14**s hidden in the picture. There are 6 in all.

In the Air

Use the Key to color the hidden picture.

Key: **20** = orange   **21** = yellow   **22** = blue

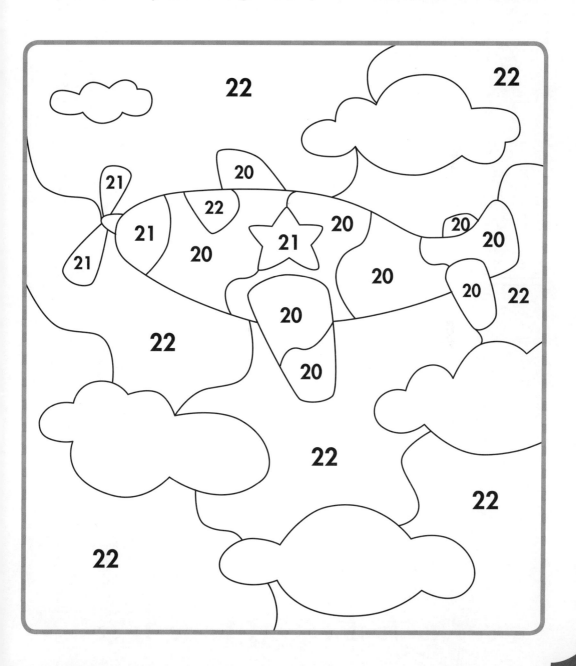

The Candy Store

Count and circle the candies and lollipops . Then color the picture.

Circle the number that shows how many.

 10   11   12   **10   11   12**

Lost Mittens

Find the mittens. Then write the number that shows how many.

How many mittens do you see? _____ mittens

Find the Number 15

Find and circle the **15**s hidden in the picture. There are 6 in all.

Owl's Well

Find the owls. Then write the number that shows how many.

How many owls do you see? _____ owls

The Pumpkin Patch

Find the pumpkins. Then write the number that shows how many.

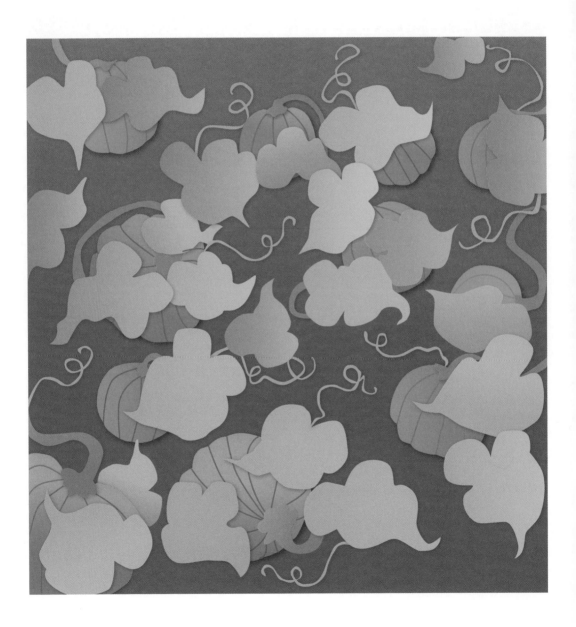

How many pumpkins do you see? _____ pumpkins

A Furry Friend

Use the Key to color the hidden picture.

Key: **23** = brown **24** = green **25** = yellow **26** = purple **27** = red

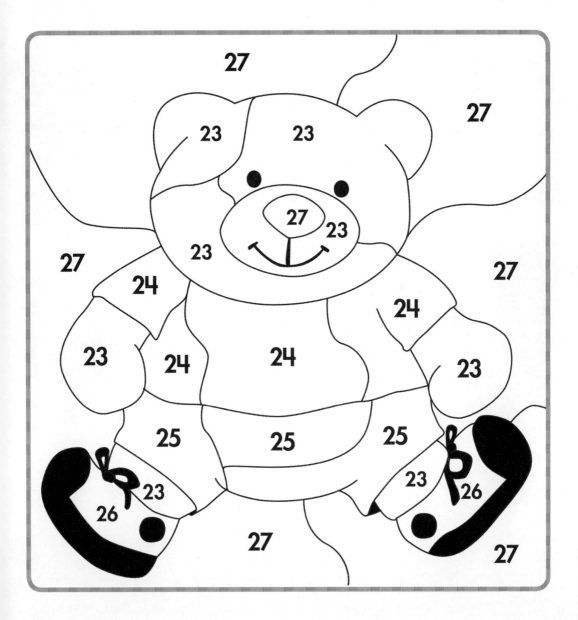

Find the Number 18

Find and circle the **18**s hidden in the picture. There are 6 in all.

Something Fishy

Find the fish. Then write the number that shows how many.

How many fish do you see? _____ fish

The Workbench

Count and color the hammers and screwdrivers.
Then color the rest of the picture.

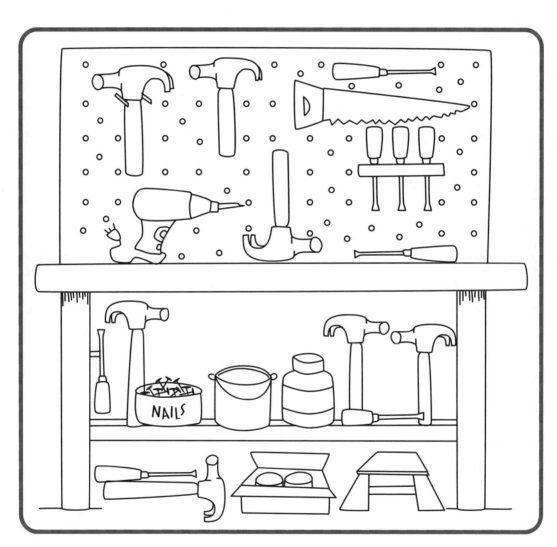

Circle the number that shows how many.

 7 8 9

 7 8 9

A Prickly Pal

Use the Key to color the hidden picture.

Key: **27** = green   **28** = brown   **29** = red   **30** = blue

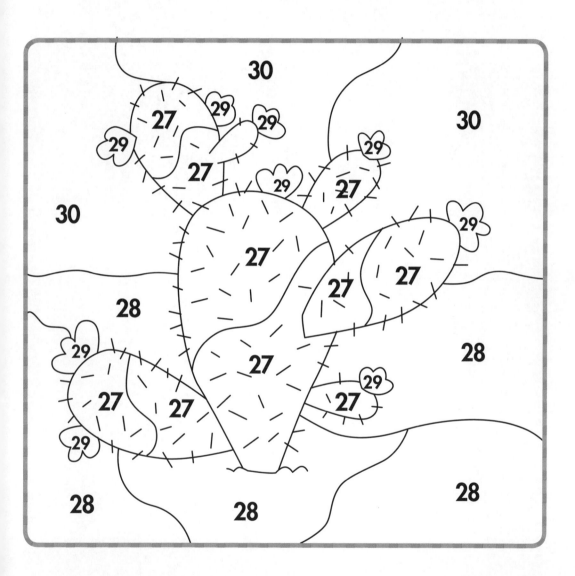

Find the Number 20

Find and circle the **20**s hidden in the picture. There are 6 in all.

After-School Fun

Use the Key to color the hidden picture.

Key: **27** = red   **28** = purple   **29** = blue   **30** = orange

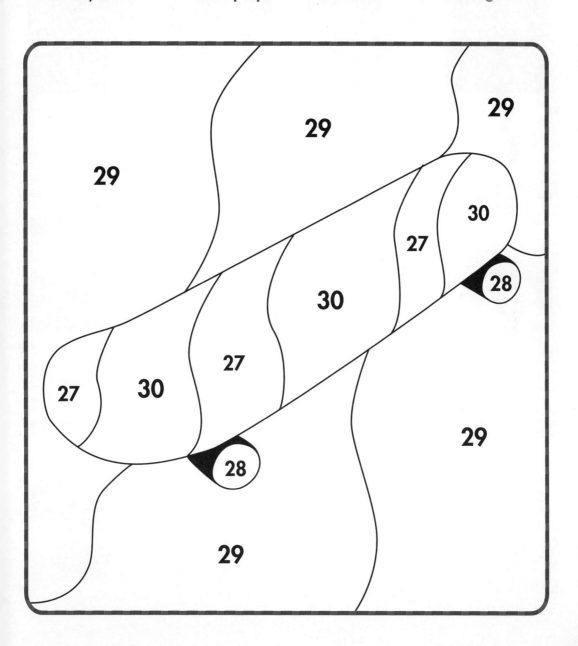

Answer Key

PAGE 2

PAGE 3

PAGE 4

PAGE 5
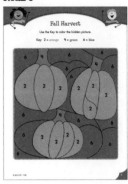

PAGE 6

PAGE 7

PAGE 8

PAGE 9

PAGE 10

PAGE 11

PAGE 12

PAGE 13

PAGE 14

A Fun Picnic

Count and color the ants and caterpillars.
Then color the rest of the picture.

Circle the number that shows how many.

8 **9** 10   8 **9** 10

PAGE 15

An Even Snowman

Use the Key to color the snowman.

Key: 2 = green   4 = 6 = brown   8 = red
10 = purple   12 = blue   14 = **white**   16 = orange

PAGE 16

Find the Number 6

Find and circle the 6s hidden in the picture. There are 6 in all.

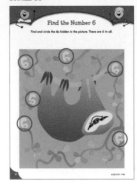

PAGE 17

Fruit Basket

Use the Key to color the picture.

Key: 10 = red   11 =   12 = green   13 = orange   14 = brown

PAGE 18

A Sweet Summer Treat

Use the Key to color the hidden picture.

Key: ● ● ● = brown   ∷ ∷ = pink   ✳✳✳

PAGE 19

Hidden School Supplies

Find each item from the Word Box in the picture below.
Then write the number of each item at the bottom of the page.

Word Box
crayon   paper   pencil   book

4   4

1   1

PAGE 20

Friendly Forest

Count and color the squirrels and bunnies. Then color the rest of the picture.

Circle the number that shows how many.

4 **5**   4 **6**

PAGE 21

Harvest Time!

Use the Key to color the picture.

Key: 15 = orange   16 = green   17 =   18 = brown   19 = blue

PAGE 22

Find the Number 8

Find and circle the 8s hidden in the picture. There are 6 in all.

PAGE 23

Under the Sea

Use the Key to color the hidden picture.

Key: Spaces with numbers 1–5 = blue   Spaces with numbers 6–9 = orange

PAGE 24

A Funny Friend

Use the Key to color the hidden picture.

Key: 2 = red   4 = purple   6 = orange   8 = blue   10 =

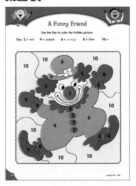

PAGE 25

Up, Up, and Away!

Use the Key to color the picture.

Key: 10 and 15 = red   12 and 17 = purple   14 and 19 = **white**
11 and 16 =   13 and 18 = blue   20 = brown

PAGE 26

Zip and Zoom!

Use the Key to color the hidden picture.

Key: 10 = blue   11 = purple   12 = black   13 = green

PAGE 27

Going Buggy

Use the Key to color the hidden picture.

Key: 10 = purple   12 = yellow   14 = orange
16 = brown   18 = green   20 = blue

PAGE 28

Find the Number 10

Find and circle the 10s hidden in the picture. There are 6 in all.

PAGE 29

In the Jungle

Use the Key to color the picture.

Key: 5 = green   6 = brown   7 = blue   8 = red   9 = yellow   10 = orange

PAGE 30

What Game?

Use the Key to color the hidden picture.

Key: 11 = black   12 = green   13 = blue

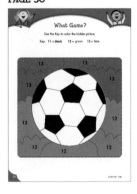

PAGE 31

Ocean Friends

Use the Key to color the picture.

Key: 13 = green   14 = red   15 = blue   16 = purple   17 = yellow   18 = pink

PAGE 32

Beach Day

Count and color the pails and shovels.
Then color the rest of the picture.

Circle the number that shows how many.
9 10 11   9 10 11

PAGE 33

In Bloom

Use the Key to color the hidden picture.

Key: 19 = green   20 = purple   21 = blue

PAGE 34

Find the Number 12

Find and circle the 12s hidden in the picture. There are 6 in all.

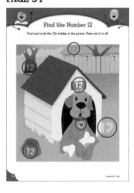

PAGE 35

A Mouse Party

Find the mice. Then write the number that shows how many.

How many mice do you see? 13 mice

PAGE 36

It's Fast!

Use the Key to color the hidden picture.

Key: 16 = black   17 = red   18 = blue   19 = purple

PAGE 37

How Many Muffins?

Find the muffins. Then write the number that shows how many.

How many muffins do you see? 16 muffins

PAGE 38

Find the Number 14

Find and circle the 14s hidden in the picture. There are 6 in all.

PAGE 39

In the Air

Use the Key to color the hidden picture.

Key: 20 = orange   21 = red   22 = blue

PAGE 40

The Candy Store

Count and circle the candies and lollipops. Then color the picture.

Circle the number that shows how many.

10 11 (12)   10 (11) 12

PAGE 41

Lost Mittens

Find the mittens. Then write the number that shows how many.

How many mittens do you see? 11 mittens

PAGE 42

Find the Number 15

Find and circle the 15s hidden in the picture. There are 6 in all.

PAGE 43

Owl's Well

Find the owls. Then write the number that shows how many.

How many owls do you see? 10 owls

PAGE 44

The Pumpkin Patch

Find the pumpkins. Then write the number that shows how many.

How many pumpkins do you see? 11 pumpkins

PAGE 45

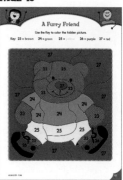

A Furry Friend

Use the Key to color the hidden picture.

Key: 23 = brown   24 = green   25 = yellow   26 = purple   27 = red

PAGE 46

Find the Number 18

Find and circle the 18s hidden in the picture. There are 6 in all.

PAGE 47

Something Fishy

Find the fish. Then write the number that shows how many.

How many fish do you see? 17 fish

PAGE 48

The Workbench

Count and color the hammers and screwdrivers. Then color the rest of the picture.

Circle the number that shows how many.

(7) 9   7 (8) 9

PAGE 49

A Prickly Pal

Use the Key to color the hidden picture.

Key: 27 = green   28 = brown   29 = red   30 = blue

PAGE 50

PAGE 51